Schokolade

AUTOR: REINHARDT HESS | FOTOS: WOLFGANG SCHARDT

Praxistipps

Extra

Rezepte

Von der Kakaobohne zum Genuss

Ein Stückchen Schokolade tröstet über manches Tief hinweg. Und lässt wahre Freude aufkommen, wenn es in Desserts und Gebäck steckt.

Am Anfang der Schokolade steht der Kakaobaum, der in Mittelamerika beheimatet ist, aber heute rund um den Äquator angebaut wird. Er trägt kiloschwere gurkenähnliche Früchte mit weißen Samen, aus denen die Azteken ein herbwürziges Getränk brauten, das sie »xocoatl« nannten. Damit die bitteren Samen, die »Kakaobohnen«, überhaupt genießbar werden, müssen sie erst einmal fermentieren, das heißt zugedeckt vergären, damit sie ihren allzu herben Geschmack verlieren. Schokoladentauglich werden die Samen aber erst durch das Rösten (wie bei Kaffeebohnen). Und wie bei Kaffee gibt es bei Kakao edle, teure Bohnen und einfache Konsumsorten. Durch das Mischen verschiedener Sorten erhält man die unterschiedlichen Geschmacksnoten.

Nun können **die Kerne**, zerkleinert und von Schalenresten befreit, **in Walzwerke wandern**, wo sie fein zerrieben werden. Was hier geschieht, erinnert an Zauberei: ohne dass irgendetwas zugefügt worden wäre, fließt ein brauner Brei aus dem Mahlwerk, der schon sehr nach flüssiger Schokolade aussieht. Das Fett in den Kernen schmilzt allein durch die Bearbeitung, und die festen Bestandteile der Kakaomasse schwimmen nun in »Kakaobutter«. Ein Teil dieses perlweißen, fast geschmacksneutralen Fetts wird der Kakaomasse entzogen, denn es wird für weiße Schokolade gebraucht und ist in der Kosmetikindustrie für die Herstellung wertvoller Cremes geschätzt. Bei etwa 33° ist es flüssig, unter 27° wird es wieder fest. Deshalb ist Schokolade bei Zimmertemperatur knackig fest, zerläuft aber in der Hand und erst recht im Mund sofort cremig-schmelzend. Dieses »Mundgefühl« ist es, was Schokolade so einmalig macht. Wird der Masse die Kakaobutter entzogen, bleibt ein fettarmer »Presskuchen« übrig, aus dem Kakaopulver hergestellt wird.

Die flüssige Kakaomasse ist jetzt noch kratzig, rau und herb. Erst durch die Zugabe von Zucker und die Kunst der Schokoladenmacher, der »Chocolatiers«, wird daraus eine süße Schokolade. Neben guten Kakaosorten bestimmt der letzte Veredelungsschritt die Qualität und den Preis einer Schokolade: das »Conchieren«. Die Masse wird in sogenannten »Conchen«, muschelförmigen Rührmaschinen, stunden- bis tagelang in Bewegung gehalten, bis sie den zarten Schmelz und die einzigartige Feinheit erreicht hat, die Sie von einem hochwertigen Produkt erwarten. Diese Bearbeitung ist teuer, daher werden für einfache Sorten die Rührzeiten kurz gehalten, was aber den Zusatz von Emulgatoren wie Sojalezithin notwendig macht, damit sich die Kakaobutter stabil mit der Kakaomasse verbindet.

Nicht nur der Preis, sondern auch **der Blick auf die Inhaltsstoffe** kann also schon ein Hinweis auf die Qualität sein: mit oder ohne Emulgator, künstliches Vanillin oder echte Vanille. Aber den wahren Genuss erkennen Sie erst, wenn Sie ganz bewusst ein Stück Schokolade abbrechen, daran riechen und es auf der Zunge zergehen lassen.

Pfiffige Schoko-Helfer

Für die Schokoküche brauchen Sie nur wenige Geräte, und ein Ersatz findet sich auch in jedem Haushalt.

Für das Wasserbad

Eine Schüssel zum Schmelzen von Schokolade, die auf einen **passenden Topf** mit heißem Wasser gesetzt wird. Die hitzeempfindliche Schokolade sollte nie direkt in einem Topf auf der Herdplatte erwärmt werden, sonst verbrennt sie leicht. Ideal ist eine spezielle **Wasserbadschüssel** aus Metall mit Stiel und Ausgießern auf beiden Seiten.

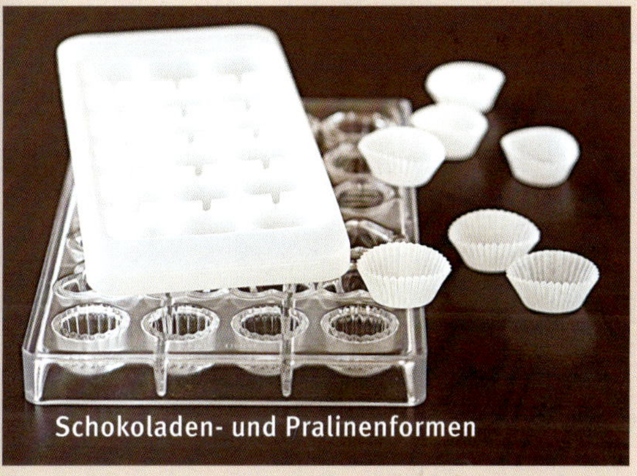

Schokoladen- und Pralinenformen

Tauchgabeln und Tropfgitter, wenn Sie Beeren und Pralinen mit Schokolade überziehen wollen. Sie erhalten sie in guten Haushaltswarengeschäften, können sich aber auch mit einer Gabel mit schmalen Zinken behelfen. Statt eines Abtropfgitters geht auch ein Kuchengitter.

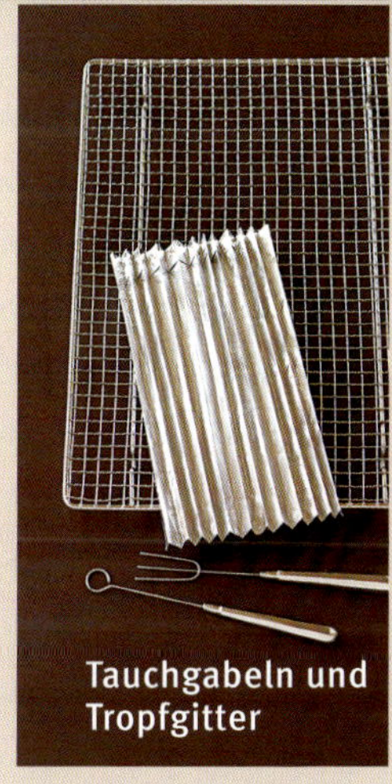

Tauchgabeln und Tropfgitter

Schokoladen- und Pralinenformen erhalten Sie im Fachgeschäft oder von Internet-Versendern. Sie müssen ganz glatte Wände haben, damit die Formstücke eine glänzende Oberfläche erhalten. Die Formen sollten möglichst nicht gespült werden, sonst müssen sie sehr sorgfältig getrocknet werden, damit sich kein Kalk absetzt. Ein preiswerter Ersatz sind die Einsätze von Konfekt- und Pralinenkästen oder Eiswürfelbehälter aus glattem Kunststoff. Oder Sie nehmen kleine Konfektkapseln aus Papier.

Schokosorten von Schwarz bis Weiß

Zart- und edelbitter

Milch- und Vollmilch

Weiße Schokolade und Kuvertüre

Die Auswahl an Schokoladensorten ist fast unüberschaubar. Von der tiefschwarzen Edelbittersorte bis zur weißen Schokolade reicht das Spektrum. Entscheidend für die Farbe ist der Anteil an Kakaotrockenmasse, auf der Packung einfach als »Kakao« angegeben. Kuvertüre ist eine Überzugsmasse aus Kakao und enthält mehr Kakaobutter als Schokolade, dadurch wird sie beim Schmelzen dünnflüssiger. Gute Kuvertüren bestehen zu etwa 70 % aus Kakao und Kakaobutter und sind ideal für Schoko-Mousses und Desserts.

Zartbittere und edelbittere Schokoladen haben den höchsten Gehalt an Kakaobestandteilen. Edelbittere enthalten mindestens 60 %, zartbittere 50 % Kakao, besonders herbe Sorten können sogar zu 90 % aus Kakao bestehen. Der Rest ist Zucker, Kakaobutter und eventuell Emulgatoren. Die »hochprozentigen« Sorten sind besonders knackig, herb und stabil; sie halten lange und geben feste Hüllen für Pralinen. Zum Würzen von Saucen sind sie ideal, da sie viel Aroma, aber nur wenig Süße geben. Zum Backen und zum Überziehen von Kuchen und Gebäck eignet sich am besten Zartbitter-Kuvertüre. Übrigens: Wenn in den Rezepten keine Prozentangabe bei der Schokolade steht, überlassen wir Ihnen die Wahl. Wo Kakaoanteile angegeben sind, handelt es sich um eine Empfehlung: Mit diesen Sorten gelingt das Rezept am besten.

Milch- und Vollmilchschokoladen mit mindestens 25 % Kakaoanteil haben einen milderen bis sahnigen Geschmack und enthalten außer Kakao, Fett und Zucker noch Milch oder Sahne, allerdings in Pulverform, sowie Milchfett (also Butter). Diese Sorten sind weicher, empfindlicher beim Erhitzen und vor allem für Pralinenfüllungen geeignet. Wenn Sie Gebäck weich-cremig überziehen wollen, ist Vollmilch-Kuvertüre die beste Wahl.

Weiße Schokolade enthält keinen Kakao, sondern nur Kakaobutter, Milchpulver und viel Zucker. Deshalb ist sie meist deutlich süßer als die dunklen Sorten. Wegen ihrer hellen Farbe eignet sie sich besonders gut zum Verzieren und Dekorieren von dunklen Kuchen und Pralinen. Kuvertüre in Weiß schmilzt besonders flüssig und gibt Torten und Gebäck, süßen Cremes und Saucen eine raffinierte Schokonote.

Neben diesen Grundsorten gibt es eine Fülle von mit Nüssen und Früchten versetzten, aromatisierten und gefüllten Schokoladensorten, die aber vor allem zum So-Essen gedacht sind.

Zaubercreme aus Schokolade und Sahne

Aus nur zwei Zutaten entsteht eine Mischung, die Grundlage für Kuchen, Cremes, Pralinen und Garnituren ist: die Trüffelmasse, auch »Canache« oder »Ganache« genannt. Für die einfachste Variante wird heiße Sahne mit zerkleinerter Schokolade verrührt, schon haben Sie – je nach Mengenverhältnis – nach dem Abkühlen eine schnittfeste Paste, eine streichfähige Creme oder eine Schokosahne, die sich wie Schlagsahne aufschlagen lässt.

Für eine mittelfeste Creme benötigen Sie 2 Teile dunkle Schokolade auf 1 Teil Sahne. Wenn Sie Milchschokolade verwenden, etwas weniger Sahne nehmen.

200 g dunkle Schokolade
(Zartbitter oder Edelbitter)
100 g Sahne

Für 300 g mittelfeste Trüffelmasse
(reicht für ca. 20 Pralinen)

1 Die Schokolade fein hacken oder raspeln. Eine Schüssel leicht anwärmen (mit warmem Wasser füllen, Wasser ausgießen und die Schüssel gut abtrocknen). Die Schokolade einfüllen.

2 Die Sahne in einem Topf erhitzen, bis sie aufzusteigen beginnt. Sofort über die Schokolade gießen und kurz ruhen lassen, bis die Mischung gleichmäßig warm ist.

3 Die Sahne-Schoko-Mischung mit einem Schneebesen langsam, aber gründlich durchrühren, bis sich die Schokolade vollständig aufgelöst hat. Abkühlen lassen, dabei – so lange die Masse noch weich ist – ab und zu durchrühren. Am besten bis zum nächsten Tag kühl (aber nicht im Kühlschrank) ruhen lassen, damit sie ihr Aroma entwickelt.

TIPP – FÜR RAFFINIERTE DESSERTS

Wollen Sie die Mischung wie Schlagsahne aufschlagen, mischen Sie 1 Teil Schokolade mit 3 Teilen heißer Sahne. Zugedeckt im Kühlschrank kühlen.

Kleine Schoko-Leckereien

Ob heiß oder kalt – etwas Schokoladiges am Morgen oder etwas Süßes zwischendurch macht gute Laune. Für mich ist diese Nuss-Nugat-Creme auf einer Scheibe Vollkornbrot das Höchste. Nicht zu süß und zartherb übertrifft sie jede fertig gekaufte.

Nuss-Nugat-Creme

40 g Haselnüsse
20 g Walnusskerne
20 g Pistazienkerne
70 g brauner Rohrzucker
2 TL Vanillezucker
20 g Kakaopulver, schwach entölt
80 g Edelbitter-Schokolade (70 % Kakao)
200 g Sahne

Für 450 g Creme (ca. 30 Portionen)
30 Min. Zubereitung
Pro Portion ca. 65 kcal, 1 g EW, 5 g F, 5 g KH

1 Die Nüsse und Nusskerne in einer Pfanne ohne Fett bei mittlerer Hitze unter Rühren 7–10 Min. rösten, bis die Nüsse aromatisch duften. Pfanne vom Herd nehmen und die Nüsse etwas abkühlen lassen. Die Schalen so weit wie möglich abreiben.

2 Die Nüsse mit Zucker und Vanillezucker in einen Blitzhacker geben und ganz fein pürieren. Kakaopulver untermischen.

3 Die Schokolade hacken und mit der Sahne erhitzen, bis sie geschmolzen ist. Unter die Nussmischung rühren und gut durcharbeiten, bis eine glatte Creme entstanden ist. Abkühlen lassen, dabei öfter durchrühren. In ein Glas füllen und im Kühlschrank aufheben.

TIPP – FÜR STREICHZARTE CREME
Das Glas rechtzeitig aus dem Kühlschrank nehmen, bei Zimmertemperatur ist die Creme weich und geschmeidig.

schmeckt nur frisch | wunderbarer Wintertrunk

Heiße Schokolade

100 g Zartbitter-Schokolade (50 % Kakao) | 3 EL Zucker | 1 TL Vanillezucker | 1 l Milch | 1 TL Kakaopulver, schwach entölt

Für 4–6 Personen | 20 Min. Zubereitung
Bei 6 Portionen pro Portion ca. 225 kcal, 7 g EW, 11 g F, 24 g KH

1 Die Schokolade raspeln oder fein hacken. Mit dem Zucker, dem Vanillezucker und 50 ml Wasser in einen Topf geben.

2 Die Milch in einem zweiten Topf erhitzen, aber nicht kochen lassen. Gleichzeitig die Schokoladenmischung auf kleiner Stufe erwärmen, bis die Schokolade schmilzt und der Zucker sich auflöst. Die heiße Milch unter Rühren zur Schokomischung gießen und bei mittlerer Hitze bis knapp unter den Siedepunkt erwärmen, dabei ständig rühren.

3 Den Topf vom Herd nehmen und die heiße Schokolade mit dem Pürierstab oder einem Schneebesen kräftig aufschlagen, bis sich Schaum an der Oberfläche bildet. Auf große Tassen oder Gläser verteilen und mit dem Kakaopulver bestäuben. Ganz heiß servieren.

VARIANTE – FRÜHSTÜCKSKAKAO

4 EL Kakaopulver (schwach entölt) in einem Topf mit 4 EL Zucker vermischen, dann mit 100 ml heißem Wasser anrühren. Die Mischung unter ständigem Rühren erhitzen, 1 l heiße Milch zugeben und fast zum Kochen bringen. Den Topf vom Herd nehmen und den Kakao kräftig quirlen, bis er schaumig ist. Das Mixen weckt das Aroma und verhindert, dass sich eine Milchhaut an der Oberfläche bildet, die Kinder oft nicht mögen.

scharf & würzig

Azteken-Schokolade

1 grüne Chilischote | 1 Vanilleschote | 100 g Edelbitter-Schokolade (70 % Kakao) | ³⁄₄ l Milch | 2 EL Ahornsirup | 1 Msp. Cayennepfeffer

Für 6 Personen | 30 Min. Zubereitung
Pro Portion ca. 180 kcal, 5 g EW, 9 g F, 20 g KH

1 Die Chilischote waschen, putzen, entkernen und in Stücke schneiden. In 250 ml Wasser geben. Vanilleschote aufschlitzen, das Mark zum Chiliwasser schaben, die Schote zugeben und alles erhitzen. Bei schwacher Hitze 10 Min. ziehen lassen.

2 Die Schokolade grob raspeln. Zur Milch geben, Ahornsirup unterrühren und alles unter Rühren erhitzen, bis die Schokolade geschmolzen ist.

3 Das Chili-Vanille-Wasser durch ein Sieb zur Schokomilch gießen, alles erhitzen, bis die Milch aufzusteigen beginnt. Mit einem Schneebesen schaumig aufschlagen und auf hitzefeste Gläser verteilen. Mit Cayennepfeffer bestreuen.

für Gourmets

Hot Orange Chocolate

150 g Vollmilch-Kuvertüre | 1 Bio-Orange | 4 Stück Würfelzucker | 1 Zimtstange | 1 l Milch | frisch geriebene Muskatnuss

Für 6 Personen | 30 Min. Zubereitung
Pro Portion ca. 245 kcal, 8 g EW, 13 g F, 24 g KH

1 Die Kuvertüre grob hacken. Die Orange heiß waschen, mit Küchenpapier trocken tupfen. Die Schale mit den Würfelzuckerstücken rundum kräftig abreiben. Die Zimtstange in Stücke brechen, zur Milch geben und diese erhitzen. Bei schwacher Hitze ca. 10 Min. ziehen lassen.

2 Die Zimtstücke aus der Milch entfernen. Die gehackte Kuvertüre und die Orangen-Würfelzuckerstücke unter Rühren in der heißen Milch auflösen. Die Milch bis knapp unter den Siedepunkt erhitzen und mit einem Schneebesen kräftig aufschlagen. Auf hitzefeste Gläser verteilen, mit einem Hauch frisch geriebener Muskatnuss bestreuen und sofort ganz heiß servieren.

gelingt leicht | Kinderhit

Kokos-Müsli

1 Apfel
1 Mandarine
½ reife Banane
200 ml Milch
25 g weiße Schokolade
25 g ungesüßte Cornflakes
3 EL Kokoschips (aus dem Bioladen oder Reformhaus), ersatzweise Kokosraspel
nach Belieben: 1 TL Blütenpollen (aus dem Bioladen oder Reformhaus)

Für 2 Personen | 15 Min. Zubereitung
Pro Portion ca. 345 kcal, 8 g EW, 18 g F, 41 g KH

1 Den Apfel waschen, vierteln und das Kerngehäuse ausschneiden. Das übrige Obst schälen. Die Apfelviertel und die Mandarine klein würfeln und auf Müeslischalen verteilen.

2 Die Milch erwärmen. Die Schokolade zerbröckeln oder grob hacken und in der heißen Milch bei schwacher Hitze gerade zergehen lassen. Die Banane zerdrücken und zugeben. Mit einem Pürierstab kurz durchmixen.

3 Die Cornflakes über das Obst streuen, die Kokoschips darüberbröseln. Die warme Schokomilch darübergießen, nach Wunsch mit den Blütenpollen bestreuen und gleich servieren.

TIPP – NOCH MEHR KOKOS

Kokoschips sind ungesüßte, getrocknete Flocken aus Kokosfleisch, die intensiver schmecken als Kokosraspel. Wenn Sie von Kokos nicht genug kriegen können: ungesüßte Kokosmilch (aus dem Asienregal) statt normaler Milch nehmen.

herb-würzig

Pumpernickel-Müsli

2 Scheiben Pumpernickel (80 g)
30 g Edelbitter-Schokolade (75 % Kakao)
1 Msp. Zimtpulver
200 g blaue Trauben ohne Kerne (ersatzweise Pflaumen)
150 g Naturjoghurt (3,5 % Fett)
2 EL Schwarzer Johannisbeersaft
2 TL Honig

Für 2 Personen | 30 Min. Zubereitung
Pro Portion ca. 295 kcal, 7 g EW, 8 g F, 52 g KH

1 Den Pumpernickel gleichmäßig zerbröseln. Die Schokolade hacken. Die Pumpernickelbrösel in einem beschichteten Pfännchen ohne Fett bei mittlerer Hitze kurz anrösten, bis sie duften.

2 Das Pfännchen vom Herd nehmen, Zimtpulver und die Schokolade über die Brösel streuen und alles verrühren, bis die Schokolade geschmolzen und alles gut vermischt ist.

3 Die Trauben waschen und halbieren, auf Müeslischalen verteilen. Die Hälfte der Schokobrösel darübergeben. Den Joghurt mit dem Johannisbeersaft und dem Honig glatt verrühren, über die Brösel verteilen. Mit den übrigen Pumpernickelbröseln bestreuen und servieren.

TIPP – BRÖSEL AUF VORRAT

Die herb-würzigen Pumpernickel-Schokobrösel können Sie auch in größeren Mengen für den Vorrat herstellen und eine einfache Flockenmüeslimischung damit aufpeppen.

oben: Kokos-Müsli | unten: Pumpernickel-Müsli

üppig | braucht etwas Zeit

Waffeln mit Schokosahne

100 g Vollmilchschokolade | 250 g Sahne
3 Eier (Größe M)
125 g weiche Butter
100 g Zucker | 1 TL Kakaopulver
250 g Mehl
½ TL Backpulver
knapp ¼ l Milch
2 EL Krokant
Öl für das Waffeleisen

Für 4–6 Personen
45 Min. Zubereitung | 8 Std. Ruhen
Bei 6 Portionen pro Portion ca. 690 kcal, 12 g EW, 44 g F, 62 g KH

1 Für die Schokosahne die Schokolade hacken. Die Sahne mit der Schokolade unter Rühren erhitzen, abkühlen lassen und über Nacht zugedeckt in den Kühlschrank stellen.

2 Für die Waffeln die Eier trennen. Die Butter mit Zucker, Kakao und Eigelben schaumig rühren. Das Mehl mit Backpulver mischen und mit der Milch unter den Butterschaum rühren. Die Eiweiße steif schlagen und unterheben. Den Backofen auf 100° (Umluft 75°) vorheizen. Die Schokosahne mit den Schneebesen des Handrührgerätes cremig-sahnig aufschlagen. Zuletzt den Krokant untermischen.

3 Ein Waffeleisen erhitzen und mit Öl ausstreichen. Aus jeweils 2–3 EL Teig in ca. 5 Min. eine Waffel backen, auf dem Backofenrost warm halten. Wenn alle Waffeln gebacken sind, warm mit der kalten Schoko-Sahne servieren.

saftig | schmecken nur frisch

Gefüllte Schoko-Sandwiches

8 Scheiben Toastbrot vom Vortag
4 EL Erdnusscreme
100 g dünne Schokotäfelchen
ca. 50 ml Milch | 1 EL Honig
2 EL Butter
1 Ei (Größe M)

Für 4 Personen
25 Min. Zubereitung | 3 Std. Ruhen
Pro Portion ca. 465 kcal, 13 g EW, 26 g F, 46 g KH

1 Die Toastscheiben entrinden, mit Erdnusscreme bestreichen. Die Hälfte der Toastscheiben mit Schokotäfelchen belegen, die übrigen mit der bestrichenen Seite auflegen.

2 Die Milch mit Honig verrühren und die Toastscheiben auf den unbestrichenen Seiten gleichmäßig damit beträufeln. Die gefüllten Brotscheiben auf ein Brett legen, mit einem zweiten Küchenbrett bedecken und beschweren. Etwa 3 Std. ruhen lassen.

3 Nach der Ruhezeit in einer großen Pfanne die Butter erhitzen. Das Ei in einem Teller mit etwas Wasser verquirlen. Die gefüllten Sandwiches im Ei wenden und in der Pfanne bei mittlerer Hitze in ca. 5 Min. pro Seite goldbraun braten. Die fertig gebratenen Sandwiches diagonal halbieren und sofort heiß servieren.

TIPP – MIT NUGATCREME

Sie können – statt die Toasts mit Schokotäfelchen zu belegen – auch jeweils einen dicken Klecks Nuss-Nugat-Creme (am besten selbst gemachte Seite 8/9) auf die Toasts streichen.

oben: Waffeln mit Schokosahne | unten: Gefüllte Schoko-Sandwiches

etwas aufwendig | raffiniert

Kokos-Trüffel-Pralinen

Der ideale Einstieg in die eigene Pralinenherstellung mit wenigen Zutaten und Gelinggarantie.

50 ml dicke Kokosmilch (aus der Dose)
100 g Sahne-Schokolade
150 g Zartbitter-Kuvertüre
Pralinenform mit 30 Mulden (siehe Tipp)
oder Pralinenhütchen

Für 30 Stück
1 Std. Zubereitung | 1 Std. Kühlen
Pro Stück ca. 45 kcal, 1 g EW, 3 g F, 4 g KH

1 Für die Kokos-Trüffel-Masse die Dose mit der Kokosmilch nicht schütteln, sondern nach dem vorsichtigen Öffnen die dicke Creme von der Oberfläche abschöpfen und in einen Topf füllen. Bei kleiner Hitze erwärmen.

2 Die Sahne-Schokolade hacken und in die warme Kokosmilch geben. Unter Rühren schmelzen, bis alles gut vermischt ist (nicht zu heiß werden lassen, sonst wird die Mischung bröckelig). Den Topf vom Herd nehmen und die Trüffelmasse abkühlen lassen, dabei ab und zu umrühren. Die Pralinenform im Backofen bei 30° vorwärmen.

3 Die Zartbitter-Kuvertüre fein hacken oder raspeln. Drei Viertel davon in einen Schokoladen-Schmelztopf oder eine Metallschüssel geben und über dem heißen, nicht kochenden Wasserbad schmelzen. Sobald die ganze Kuvertüre flüssig ist, den Schmelztopf vom Wasserbad nehmen und die übrige zerkleinerte Kuvertüre unterrühren, bis auch diese geschmolzen ist – »temperieren« wird diese Methode auch genannt (Bild 1).

4 Die Mulden der vorgewärmten Pralinenform mit jeweils einem Teelöffel flüssiger Kuvertüre füllen und die Form langsam schwenken, bis die Innenseiten der Mulden gleichmäßig überzogen sind (Bild 2). Form über dem Topf mit der Schokolade umdrehen und überschüssige Schokolade in den Topf laufen lassen. Wenn's nicht gleich profimäßig klappt, mit einem Teelöffel die Kuvertüre gleichmäßig verstreichen, sobald sie dicklich wird. Die Form ca. 20 Min. in den Kühlschrank stellen, bis die Kuvertüre fest ist.

5 Die noch weiche Kokos-Trüffel-Masse in die Schokohüllen verteilen, wieder ca. 20 Min. kühl stellen. Zum Schluss die übrige Kuvertüre erneut über dem Wasserbad schmelzen und die Mulden damit auffüllen. Erneut kühlen.

6 Die Pralinen aus den Mulden stürzen. Dazu die Unterseite der Form 2–3 Sek. mit einem Föhn erwärmen. Eventuell die Ränder mit einem runden Ausstechförmchen glatt schneiden (zum Anfassen Einweghandschuhe anziehen).

TIPP – GUT IN FORM

Pralinenformen gibt es in gut sortierten Haushaltsgeschäften, beim Confiseriebedarf oder bei Online-Versendern. Sie sollten nur notfalls ganz vorsichtig gespült und sofort mit einem weichen Tuch sorgfältig getrocknet werden (siehe auch Seite 5). Für den Anfang genügt auch der Plastikeinsatz einer Pralinenschachtel. Wichtig ist, dass er stabil und glattwandig ist. Auch diesen im Backofen vorwärmen!

1

2

3

gelingt leicht | exotisch

Feurige Chili-Trüffel

Trüffel werden die Pralinen genannt, weil sie dem Edelpilz so ähnlich sehen. Ein Hauch Chili gibt der Schokofüllung Aroma und Pep.

1 kleine frische rote Chilischote | 75 g Sahne | 30 g brauner Rohrzucker | 150 g Zartbitter-Kuvertüre | 100 g Vollmilch-Kuvertüre | 100 g sehr weiche Butter | Backpapier | zum Bestreuen: ca. 50 g Kakaopulver, schwach entölt

Für 50 Stück | 1 Std. Zubereitung
Pro Stück ca. 50 kcal, 1 g EW, 4 g F, 3 g KH

1 Die Chili waschen, längs halbieren, putzen und entkernen. Ein kleines Stück Schote (ca. 2 cm) winzig klein würfeln. Die Sahne mit Chiliwürfeln, den übrigen Chilistücken und 15 g Zucker erhitzen.

2 Beide Kuvertüren in kleine Stücke schneiden, in einer Schüssel über dem heißen Wasserbad weich werden lassen. Wenn die Sahne zu kochen beginnt, den Topf vom Herd nehmen, die großen Chilistücke herausnehmen. Die heiße Sahne zur Kuvertüre gießen und gründlich unterrühren. Die Mischung abkühlen lassen, bis sie gerade noch cremig ist, dabei ab und zu umrühren.

3 Die Butter und den restlichen Zucker mit einem Schneebesen weiß-schaumig rühren. Nach und nach die Kuvertüren-Sahne untermischen. Diese Trüffelmasse in einen Spritzbeutel mit glatter Tülle füllen und in den Kühlschrank stellen, bis sie gerade noch spritzfähig ist.

4 Backpapier mit ca. 1/3 vom Kakaopulver bestäuben. Aus der Schokomasse walnussgroße Tupfen auf das Kakaopulver spritzen. Die Chili-Trüffel sofort mit dem restlichen Kakaopulver dick überpudern. An einem kühlen Platz erstarren lassen.

knackig | ganz einfach

Schoko-Nuss

50 g Haselnüsse | 25 g gehäutete Mandeln | 25 g Walnusskerne | 100 g Vollmilch-Kuvertüre | 100 g Zartbitter-Kuvertüre

Für 30 Stücke | 30 Min. Zubereitung
Pro Stück ca. 55 kcal, 1 g EW, 4 g F, 4 g KH

1 Die Haselnüsse in einer Pfanne bei mittlerer Hitze unter Rühren rösten, bis sich die Häute lösen. Aus der Pfanne schütten. Mandeln und Walnüsse ebenfalls leicht rösten, bis sie duften. Von den Haselnüssen die Häute abrubbeln, solange die Nüsse noch warm sind. Alle Nüsse abkühlen lassen.

2 Beide Kuvertüren hacken. Zwei Drittel davon in einer Schüssel über dem heißen Wasserbad schmelzen lassen. Die restliche Kuvertüre darin auflösen.

3 Eine Plastikschale (ca. 18 x 15 cm) mit etwas Kuvertüre ausgießen. Die Nüsse einstreuen und mit der übrigen Kuvertüre übergießen. Kühlen, bis die Kuvertüre fest ist. In Stücke brechen.

unkompliziert

Marzipan-Pralinen

300 g gekühlte Marzipan-Rohmasse | ca. 35 g Puderzucker zum Formen | 200 g Zartbitter-Kuvertüre | 50 gehäutete halbe Mandelkerne

Für 50 Stück | 45 Min. Zubereitung
Pro Stück ca. 55 kcal, 1 g EW, 3 g F, 5 g KH

1 Das Marzipan auf einer kühlen Fläche mit Puderzucker zu einer ca. 1½ cm dicken Platte ausrollen und diese in würfelzuckergroße Stücke schneiden.

2 Die Kuvertüre klein hacken. Zwei Drittel davon in einer Schüssel über dem heißen Wasserbad schmelzen. Die Schüssel vom Wasserbad nehmen und die übrige Kuvertüre unterrühren, bis sie zerlaufen ist.

3 Die Marzipanstücke mit Hilfe einer Pralinengabel und eines Holzstäbchens in der Kuvertüre wenden, herausheben und auf einem Gitter abtropfen lassen. Jede Praline mit einem halben Mandelkern garnieren, solange die Kuvertüre noch weich ist. An einem kühlen Platz fest werden lassen.

raffiniert | zum Verschenken

Schokoladenlikör

100 g Vollmilch-Kuvertüre
75 g Zucker
50 g Kakaopulver
500 g Sahne
25 g Honig
300 ml milder heller Rum (ca. 40 %)

Für 1 l (25 Gläschen à 4 cl)
30 Min. Zubereitung
Pro Glas ca. 130 kcal, 1 g EW, 8 g F, 7 g KH

1 Die Kuvertüre hacken. In einer Schüssel über dem heißen Wasserbad schmelzen lassen. Den Zucker mit dem Kakaopulver gut vermischen und nach und nach mit 100 ml kaltem Wasser zu einem flüssigen Brei verrühren. Die Sahne in einem Topf aufkochen, den angerührten Zucker-Kakao mit dem Schneebesen kräftig einrühren. Den Topf vom Herd nehmen.

2 Die geschmolzene Kuvertüre und den Honig einrühren, die Mischung abkühlen lassen, dabei ab und zu umrühren.

3 Wenn die Schokosahne ganz abgekühlt ist, den Rum untermischen und alles mit einem Pürierstab glatt mixen. In eine Flasche füllen, diese gut verschließen und kühl und dunkel, aber nicht im Kühlschrank aufheben. Vor dem Servieren kräftig durchschütteln.

VARIANTE – SCHOKOWHISKY

Für einen herberen Likör statt Rum Bourbon oder irischen Whiskey untermischen, zur Abrundung noch eine Prise Zimtpulver zugeben.

aus Andalusien

Lumumba

3 EL mildes Kakaopulver, schwach entölt (Holländischer Kakao)
4 EL Zucker
800 ml Milch
80 ml spanischer Brandy
zum Garnieren:
4 EL Schlagsahne (eventuell aus der Sprühdose)
2 TL Zartbitter-Schokoraspel (siehe S. 64)

Für 4 Personen
20 Min. Zubereitung | 8 Std. Abkühlen
Pro Portion ca. 305 kcal, 8 g EW, 13 g F, 26 g KH

1 Das Kakaopulver mit dem Zucker und etwas heißem Wasser zu einem flüssigen Brei anrühren. Die Milch erhitzen, das angerührte Kakaopulver zugeben und unter Rühren gerade heiß werden lassen. Den Topf vom Herd nehmen und den Kakao mit dem Pürierstab oder mit einem Schneebesen kräftig schlagen, bis er schaumig ist. Zugedeckt über Nacht in den Kühlschrank stellen.

2 Zur Zubereitung den kalten Kakao nochmals kräftig durchmixen, auf vier Longdrinkgläser verteilen. Den Brandy dazugießen und alles im Glas verrühren. Jedes Glas mit einem Löffel Schlagsahne und Schokoraspeln garnieren, mit Trinkhalmen servieren.

VARIANTE – EISSCHOKOLADE

Wenn Sie statt Brandy eine Kugel Vanilleeiscreme in jedes Glas geben und mit dem kaltem Kakao aufgießen, haben Sie ein erfrischendes Getränk, das auch für Kinder geeignet ist.

links: Lumumba | rechts: Schokoladenlikör

Süße & pikante Gerichte

Traumhaft, so ein süßes Hauptgericht mit Schokolade. Da schwärmen nicht nur die Kinder. Aber auch Pikantes kann von dezenter Schokowürze profitieren. Ich mag besonders diesen exotisch-würzigen Reispudding aus dem Ofen.

Ananas-Ingwer-Reispudding

50 g kandierter Ingwer
50 g getrocknete Ananas
300 g Langkorn-Reis (nicht parboiled) | Salz
75 g weiße Schokolade
3 Eier (Größe M)
4 EL Zucker
125 g Crème fraîche
150 g Zartbitter-Kuvertüre
200 ml Milch
Butter und Semmelbrösel für die Form

Für 4 Personen | 90 Min. Zubereitung
Pro Portion ca. 890 kcal, 19 g EW, 38 g F, 110 g KH

1 Den Ingwer klein würfeln, mit Ananas und ½ l Wasser in einen Topf geben und aufkochen. Den Reis einstreuen, eine Prise Salz zugeben und den Reis bei ganz kleiner Hitze zugedeckt in 15 Min. bissfest garen. Den Backofen auf 200° vorheizen.

2 Die Schokolade fein hacken. Die Eier trennen, Eigelbe verquirlen, die Eiweiße mit 2 EL Zucker steif schlagen. Eine kleine Kastenform (25 cm) fetten und mit Bröseln ausstreuen. Die Crème fraîche unter den gegarten Reis rühren, etwas abkühlen lassen, dann die Schokolade, die Eigelbe und den Eischnee unterziehen.

3 Die Reismischung in die Form füllen, die Oberfläche glatt streichen und den Pudding im Ofen (Mitte, Umluft 180°) 20 Min. backen. Dann den Pudding mit Alufolie abdecken und den Pudding nochmals 25 Min. im Ofen garen.

4 Für die Sauce die Kuvertüre hacken. Die Milch mit restlichen 2 EL Zucker erhitzen und die Kuvertüre darin schmelzen lassen. Mit dem Schneebesen kräftig durchrühren. Den Pudding stürzen, portionieren und mit der Schokoladensauce servieren.

üppig | preiswert

Brotauflauf mit Bischofssauce

So richtig was für kühle Tage: ein saftiger Auflauf mit Rotwein-Schokoladensauce – deren Name übrigens daher kommt, dass sich früher nur kirchliche Würdenträger so teure Zutaten wie Mandeln, Zucker, Rosinen und Schokolade leisten konnten.

4 Brötchen vom Vortag
1 Vanilleschote
½ l Milch
30 g weiße Schokolade
2 Eier (Größe M)
100 g Zucker
50 g Butter
350 ml kräftiger Rotwein (ersatzweise roter Traubensaft)
3 cm Schale von einer Bio-Zitrone
1 Beutel Glühweingewürz
50 g Zartbitter-Kuvertüre
3 EL Rosinen | 2 EL gehackte Mandeln
Butter für die Form

Für 4 Personen
40 Min. Zubereitung | 35 Min. Backen
Pro Portion ca. 655 kcal, 15 g EW, 28 g F, 77 g KH

1 Von den Brötchen die Rinde abreiben (die Brösel aufheben) und die Brötchen in etwa 1 cm dünne Scheiben schneiden. Eine flache Auflaufform (ca. 23 cm ∅) fetten und die Brötchenscheiben dachziegelartig einschichten.

2 Die Vanilleschote aufschlitzen, das Mark in die Milch schaben, die Schote zugeben und die Milch erhitzen. Die weiße Schokolade hacken und in der Milch schmelzen lassen. Die Milch vom Herd nehmen, etwas abkühlen lassen.

3 Die Vanilleschote aus der Milch nehmen. Die Schokomilch mit den Eiern verquirlen und auf die Brötchenscheiben gießen. Ca. 10 Min. einziehen lassen. Den Backofen auf 200° vorheizen. Die abgeriebenen Brösel und 2 EL Zucker über die Brötchenscheiben streuen, die Butter in Flöckchen darüber verteilen und den Auflauf im Ofen (Mitte, Umluft 180°) ca. 35 Min. backen, bis er goldgelb und kross ist.

4 Für die Sauce den Rotwein mit der Zitronenschale, dem Glühweingewürz und dem übrigen Zucker (ca. 75 g) erhitzen und ca. 10 Min. bei schwacher Hitze ziehen lassen. Die Zartbitter-Kuvertüre hacken. Die Zitronenschale und den Gewürzbeutel aus dem Wein entfernen, die Rosinen und die gehackten Mandeln unterrühren. Die Kuvertüre zum Wein geben und unter Rühren schmelzen lassen. Die Sauce warm halten, ab und zu durchrühren. Den Brotauflauf heiß servieren, die Sauce extra dazureichen.

VARIANTE – BIRNEN-SCHOKO-SAUCE

Dafür 2 reife Birnen (z. B. Williams) schälen, vierteln, Kerngehäuse ausschneiden und die Birnenviertel würfeln. 1 EL Butter zerlassen und die Birnenwürfel darin 5 Min. bei mittlerer Hitze dünsten. 200 g Sahne aufgießen und aufkochen lassen. 50 g weiße Schokolade hacken und darin schmelzen lassen. Die Mischung mit dem Pürierstab glatt mixen und die Sauce warm zum Auflauf servieren.

1

2

3

üppig | Kindertraum

Schoko-Buchteln mit weißer Schokoladensauce

Die Hefekugeln aus dem Ofen überraschen mit einer schmelzenden Schokofüllung. Dazu gibt es eine üppige Schokoladensauce.

400 g Mehl + Mehl zum Arbeiten
½ Würfel frische Hefe (ca. 20 g)
750 ml Milch
100 g Butter
4 EL Zucker
Salz
½ TL geriebene Bio-Zitronenschale
1 Ei (Größe L)
50 g Zartbitter-Schokolade
1 EL Speisestärke
100 g weiße Schokolade

Für 4 Personen (8–10 Stück)
45 Min. Zubereitung | 90 Min. Gehen
Pro Portion ca. 940 kcal, 25 g EW, 42 g F, 113 g KH

1 Das Mehl in eine Schüssel füllen und eine Mulde eindrücken. Die Hefe in kleinen Stücken hineinbröckeln. Knapp 250 ml Milch mit 50 g Butter, 1 EL Zucker, einer Prise Salz und der Zitronenschale erwärmen, bis die Butter geschmolzen ist. Die Mischung auf Handwärme abkühlen lassen, über die Hefe gießen, mit ein wenig Mehl verrühren und 15 Min. gehen lassen, bis die Hefe kräftig schäumt (Bild 1).

2 Das Ei trennen. Das Eiweiß zum Hefeansatz geben, alles vermischen und gut kneten, bis ein glatter, geschmeidiger Teig entstanden ist. Die Schüssel mit einem Tuch abdecken und den Teig an einem warmen Platz ca. 45 Min. gehen lassen, bis der Teig etwa doppelt so dick geworden ist.

3 Den Teig nochmals gut durchkneten und in 8–10 Stücke teilen. Die Zartbitter-Schokolade ebenfalls in 8–10 Stücke brechen. Die Teigstücke flach drücken, jeweils ein Stück Schokolade auf ein Teigstück legen, die Teigränder darüber zusammenfalten und gut andrücken (Bild 2). Die Teigstücke zu Kugeln formen und mit dem Teigschluss nach unten auf eine bemehlte Fläche legen. Wieder mit einem Tuch abdecken und 30 Min. gehen lassen. Den Backofen auf 180° vorheizen (Umluft nicht empfehlenswert).

4 In eine flache Form, in der die Buchteln ausreichend Platz haben, 50 g Butter geben und diese im Ofen gerade schmelzen lassen. Die aufgegangenen Buchteln in die Form setzen und in der Butter einmal wenden. Im Ofen (Mitte) 25–30 Min. backen, bis sie goldbraun sind.

5 Inzwischen für die Schokoladensauce die Speisestärke mit 4 EL Milch und dem Eigelb verquirlen. Die weiße Schokolade zerbröckeln. Die übrige Milch mit 3 EL Zucker aufkochen, die Stärkemischung einquirlen und einmal aufwallen lassen. Die Schokolade darin schmelzen lassen, dabei ständig mit dem Schneebesen rühren. Die Buchteln heiß in der Form mit der warmen Schokoladensauce servieren.

AUSTAUSCH-TIPPS

Sie können die Buchteln auch mit Nussschokolade füllen, das gibt zusätzlich Biss. Oder Sie stecken die Schokoladenstückchen in entsteinte und kurz eingeweichte Dörrpflaumen, das macht die Hefeklöße noch saftiger.

würzig | braucht etwas Zeit

Maultaschen mit Kürbis-Nugat-Füllung

Was in Italien Ravioli heißt, wird in Schwaben Maultaschen genannt und entsprechend groß geformt. Gekrönt wird das Ganze von heißer Schokobutter.

350 g Mehl
3 Eier (Größe M) | Salz
200 g Kürbisfleisch (geschält und geputzt), z. B. vom Hokkaido- oder Butternutkürbis
50 g Nuss-Nugat
100 g Magerquark
2 Eigelbe
2 EL heller Honig
evtl. Semmelbrösel
1 Prise Muskatnuss, frisch gemahlen
30 g grünschalige Kürbiskerne
50 g Edelbitter-Schokolade mit Kakao-Nibs (Kakaobohnenstückchen), gibt es in Supermärkten
50 g Butter

Für 4 Personen
45 Min. Zubereitung | 40 Min. Garen
Pro Portion ca. 710 kcal, 24 g EW, 29 g F, 90 g KH

1 Für den Nudelteig das Mehl mit den Eiern, 1–2 EL Wasser und einer Prise Salz vermischen und sehr gut kneten. Den Teig in Folie wickeln und ca. 30 Min. bei Zimmertemperatur ruhen lassen.

2 Inzwischen für die Füllung das Kürbisfleisch in große Stücke schneiden, in ein Dämpfkörbchen füllen und über sanft kochendem Wasser ca. 30 Min. dämpfen. Mit einer Messerspitze prüfen, ob das Kürbisfleisch gar ist. Die Kürbisstücke gut ausdampfen lassen. Mit dem Nugat zerdrücken, dann ganz abkühlen lassen. Die Flüssigkeit vom Quark abgießen. Die Kürbismasse mit Quark, Eigelben und Honig vermischen, eventuell Semmelbrösel zugeben, bis die Masse formbar ist. Mit Muskat würzen.

3 Den Teig in acht eigroße Stücke teilen und mit einem leicht feuchten Tuch bedecken. Portionsweise mit Nudelmaschine oder Nudelholz zu etwa 1 mm dünnen Platten ausrollen. Auf vier Platten die Füllung mit ca. 15 cm Abstand verteilen, die Teigränder mit Wasser bestreichen. Mit den vier übrigen Platten abdecken, den Teig jeweils um die Füllung herum fest andrücken und rechteckige Nudeltaschen ausrollen.

4 In einem breiten Topf reichlich Wasser aufkochen, salzen und die Nudeltaschen offen bei kleiner bis mittlerer Hitze ca. 10 Min. garen, zwischendurch einmal umdrehen.

5 Die Kürbiskerne in einem Pfännchen ohne Fett leicht anrösten, grob hacken. Die Schokolade raspeln. Die Butter bei kleiner Hitze zerlassen und die Schokolade darin schmelzen. Die Nudeltaschen mit einem Schaumlöffel auf Teller verteilen, mit Kürbiskernen bestreuen und mit der heißen Schokobutter beträufeln.

TIPP – BRÖSELBUTTER

Statt Schokobutter für Bröselbutter 40 g Mandelkekse (Amaretti) zerdrücken, in 100 g zerlassener Butter einmal aufschäumen lassen und heiß über die Maultaschen träufeln.

würzig | exotisch

Leber mit Schokoladen-Pflaumen-Chutney

500 g rote Pflaumen (ersatzweise Zwetschgen)
2 Schalotten
50 g brauner Rohrzucker
200 ml kräftiger Rotwein
2 EL Aceto balsamico
40 g Edelbitter-Schokolade
Salz | Pfeffer
500 g Putenlebern
2 EL Olivenöl
2 Lorbeerblätter | 1 TL Pimentkörner

Für 4 Personen | 45 Min. Zubereitung
Pro Portion ca. 425 kcal, 26 g EW, 14 g F, 37 g KH

1 Pflaumen waschen, entsteinen und in Stücke schneiden. Schalotten schälen und in dünne Ringe schneiden. Den Zucker mit etwas Wasser beträufeln. Bei mittlerer Hitze schmelzen und leicht karamellisieren lassen. Pflaumen und Schalotten zugeben und kurz andünsten. Wein und Aceto balsamico angießen, alles 5 Min. offen bei kleiner Hitze kochen lassen. Schokolade hacken, unter das Chutney mischen und zergehen lassen. Mit Salz und Pfeffer würzen, warm halten.

2 Die Putenlebern putzen und trocken tupfen. In einer Pfanne das Olivenöl erhitzen und die Lebern bei kleiner bis mittlerer Hitze 12–15 Min. rundum anbraten. Die Lorbeerblätter und die Pimentkörner mit einer Prise Salz im Mörser zerreiben, die Lebern damit würzen. Mit dem Pflaumen-Chutney servieren.

GETRÄNKE-TIPP

Ein würziger Rotwein, zum Beispiel ein Bordeaux.

Edel | für Gäste

Rinderfilet auf andalusische Art

600 g Rinderfilet
50 g Edelbitter-Schokolade (70 % Kakao)
6 EL Olivenöl
3 EL Semmelbrösel
1 Tässchen starker Espresso | 150 g Sahne
1 EL frisch gepresster Zitronensaft
Salz | Cayennepfeffer

Für 4 Personen | 30 Min. Zubereitung
Pro Portion ca. 550 kcal, 34 g EW, 40 g F, 14 g KH

1 Den Backofen mit einer Servierplatte auf 60° vorheizen. Das Rinderfilet mit Küchenpapier trocken tupfen und in 1–1,5 cm dicke Scheiben schneiden. Die Schokolade reiben.

2 In einer Pfanne 3 EL Olivenöl erhitzen, die Fleischscheiben bei starker Hitze portionsweise ca. 1 Min. pro Seite braten, aus der Pfanne heben und auf der Servierplatte warm stellen.

3 Das Öl aus der Pfanne gießen, die übrigen 3 EL Olivenöl erhitzen und die Semmelbrösel bei mittlerer Hitze unter Rühren hellbraun anrösten. Den Espresso, die Schokolade und die Sahne zugeben und 5 Min. sanft kochen lassen. Mit Zitronensaft, Salz und einer Prise Cayennepfeffer würzen. Die Filetscheiben leicht salzen, die Sauce darüber verteilen und gleich servieren.

UND DAZU?

Am besten passt ein sahniges Kartoffelpüree oder körnig gekochter Reis, der mit reichlich Butter und in Rum oder Apfelsaft eingeweichten Rosinen vermischt wird.

links: Rinderfilet auf andalusische Art | rechts: Leber mit Schokoladen-Pflaumen-Chutney

scharf-pikant

Hähnchen auf ostafrikanische Art

4 Hähnchenschenkel (je ca. 200 g)
2 dicke Gemüsezwiebeln
4 Knoblauchzehen
2 Möhren
2 EL Butterschmalz | Salz | Pfeffer
4 kleine getrocknete Chilischoten
2 EL edelsüßes Paprikapulver
3 TL Garam Masala (indische Gewürzmischung)
400 ml Hühnerbrühe
100 ml Rotwein
50 g Edelbitter-Schokolade (70 % Kakao)

Für 4 Personen | 1 ½ Std. Zubereitung
Pro Portion ca. 440 kcal, 30 g EW, 27 g F, 16 g KH

1 Die Hähnchenschenkel durchs Gelenk halbieren, kalt abspülen und mit Küchenpapier trocken tupfen. Gemüsezwiebeln, Knoblauch und die Möhren schälen, alles ganz fein würfeln.

2 In einer Schmorpfanne das Butterschmalz erhitzen, die Hähnchenschenkel salzen und pfeffern, bei mittlerer Hitze rundum in ca. 10 Min. braun anbraten. Fleisch aus der Pfanne heben und die Gemüsewürfel bei kleiner Hitze in ca. 15 Min. braun rösten. Die Chilischoten zerbröseln und dazugeben, Paprikapulver und Garam Masala zugeben, Brühe und Wein angießen und alles zugedeckt bei kleiner Hitze 20 Min. schmoren lassen.

3 Die Hähnchenschenkel in die Sauce legen, weitere 30 Min. zugedeckt garen, ab und zu wenden. Die Schokolade hacken und in der Sauce schmelzen lassen. Mit Salz und Pfeffer abschmecken.

braucht Zeit | für Gäste

Rehragout mit Chilischoten

1 kg Rehragout mit Knochen
1 Bio-Orange
1 Zwiebel
1 Bund Suppengemüse
2 frische rote Chilischoten
2 EL Öl zum Braten
2 EL Tomatenmark
150 ml Rotwein
300 ml kräftige Brühe
Salz | Pfeffer
50 g Edelbitter-Schokolade (70 % Kakao)

Für 4 Personen | 2 Std. Zubereitung
Pro Portion ca. 400 kcal, 43 g EW, 18 g F, 10 g KH

1 Das Ragout abspülen und mit Küchenpapier gut trocken tupfen. Orange heiß waschen, trocknen und ca. 2 EL Schale abraspeln. Die Orange auspressen. Die Zwiebel schälen, das Gemüse waschen und putzen. Alles klein würfeln. Die Chilis waschen, putzen und klein hacken.

2 Das Öl erhitzen und das Ragout bei mittlerer Hitze in 10–15 Min. rundum anbräunen. Das Gemüse zum Fleisch geben und kurz anrösten. Das Tomatenmark einrühren, Wein, Brühe und Orangensaft angießen, mit Salz und Pfeffer würzen und alles zugedeckt bei kleiner Hitze ca. 1 Std. schmoren.

3 Die Schokolade hacken, unter die Sauce mischen und schmelzen lassen. Alles bei kleiner Hitze weitere 30 Min. schmoren, bis das Fleisch weich ist. Abschmecken und servieren.

links: Rehragout mit Chilischoten | rechts: Hähnchen auf ostafrikanische Art

Cremige & eisige Desserts

Schokolade ist aus der Dessertküche fast nicht wegzudenken. Sie gibt den cremigen Schmelz und das unvergleichbare Aroma. Mein Favorit ist der klassische französische Schokoladenschaum – allerdings mit einem kleinen Trick: geriebene Schokolade extra unterheben.

Mousse au chocolat

150 g Edelbitter-Schokolade (70 % Kakao)
2 ganz frische Eier (Größe L)
2 EL Puderzucker
1 Msp. Zimtpulver
100 g kalte Sahne

Außerdem
Schokoröllchen oder geraspelte weiße Schokolade zum Garnieren (siehe S. 64)

Für 4 Personen
25 Min. Zubereitung | 4 Std. Kühlen
Pro Portion ca. 340 kcal, 6 g EW, 23 g F, 28 g KH

1 Von der Schokolade ca. 2 EL fein reiben und beiseitestellen. Die übrige Schokolade in Stücke brechen und über dem nicht zu heißen Wasserbad schmelzen lassen. Auf Handwärme abkühlen lassen, dabei ab und zu umrühren.

2 Die Eier trennen. Die Eigelbe mit 1 EL Puderzucker und dem Zimtpulver mit einem Schneebesen dickcremig und weißschaumig rühren. Die gerade noch flüssige Schokolade mit dem Schneebesen gleichmäßig unter die Eigelbcreme ziehen.

3 Die Eiweiße in einer fettfreien Schüssel mit den Schneebesen des Handrührgeräts steif schlagen, dabei 1 EL Puderzucker einstreuen. Den festen Eischnee unter die Schokocreme ziehen. Die Sahne ebenso steif schlagen (wenn Sie diese Reihenfolge einhalten, können Sie dafür Schüssel und Schneebesen ohne Säubern weiterverwenden) und mit der geriebenen Schokolade unter die Creme heben. Die Mousse in Dessertschalen füllen und zugedeckt im Kühlschrank ca. 4 Std. ruhen und fest werden lassen. Eine halbe Stunde vorm Servieren die Mousse aus dem Kühlschrank nehmen. Mit Schokoröllchen oder geraspelter weißer Schokolade garnieren.

Klassiker auf neue Art

Weiße Schokonocken auf Fruchtpüree

100 g weiße Schokolade
40 g Butter
1 Msp. frisch geriebene Muskatnuss
2 frische Eiweiße | 4 EL Zucker
je 100 g Erdbeeren, Himbeeren und Brombeeren
1 EL Zitronensaft

Außerdem
Melisseblättchen zum Garnieren

Für 4 Personen
30 Min. Zubereitung | 5 Std. Kühlen
Pro Portion ca. 295 kcal, 7 g EW, 17 g F, 32 g KH

1 Die Schokolade zerbröckeln und mit Butter und Muskat in eine Wasserbadschüssel geben. Über dem nicht sehr heißen Wasserbad schmelzen und etwas abkühlen lassen, bis sie dicklich wird. Die Eiweiße mit dem Handrührgerät steif schlagen, dabei nach und nach knapp 2 EL Zucker einrieseln lassen. Den Eischnee rasch unter die Schokolade mischen und den Schokoschaum abgedeckt für 4–5 Std. in den Kühlschrank stellen.

2 Für die Früchtepürees die Beeren getrennt waschen, putzen und mit jeweils 1/3 des restlichen Zuckers und etwas Zitronensaft pürieren und durch ein Sieb streichen. Ebenfalls kühl stellen.

3 Die Früchtepürees dekorativ auf vier Dessertteller gießen. Mit zwei Esslöffeln von der Schokomasse etwa acht große Nocken ausstechen und auf die Pürees legen. Mit Melisseblättchen garnieren und gleich servieren.

für besondere Gelegenheiten

Schokoschaum mit Anis-Sahne

150 g Zartbitter-Schokolade
125 ml Milch
4 Eier (Größe M)
2 EL Puderzucker
200 g kalte Crème fraîche
1 EL Anislikör (z.B. Sambuca)
2 TL heller Honig

Für 4 Personen
30 Min. Zubereitung | 4 Std. Kühlen
Pro Portion ca. 520 kcal, 11 g EW, 40 g F, 30 g KH

1 Die Schokolade hacken und in eine Schüssel füllen. Die Milch bis zum Siedepunkt erhitzen und über die Schokolade gießen, unter Rühren schmelzen lassen. Die Eier trennen. Wenn die Schokomischung etwas abgekühlt ist, 2 Eigelbe (die übrigen anderweitig verwenden) mit dem Schneebesen unterquirlen und alles schaumig aufschlagen. Die Eiweiße mit dem Puderzucker zu festem Schnee schlagen, einen Teil des Eischnees zum Lockern unter die Schokomischung rühren, den Rest locker unterziehen. Den Schaum auf Dessertgläser verteilen und für ca. 4 Std. abgedeckt in den Kühlschrank stellen.

2 Zum Servieren die Crème fraîche mit dem Likör und dem Honig verrühren und wie Sahne halbsteif aufschlagen. Auf die Schokocreme verteilen und auftragen.

AUSTAUSCH-TIPP
Statt Likör 1 EL Anissamen mit 2 EL Wasser und 1 EL Zucker aufkochen, bei kleiner Hitze 15 Min. ziehen lassen, durch ein Sieb gießen.

oben: Schokoschaum mit Anis-Sahne | unten: Weiße Schokonocken auf Fruchtpüree

raffiniert | für Gäste

Kanarisches Nugat-Creme-Dessert

Eine »Erfindung« der Köchinnen von Los Llanos auf La Palma, die es »Príncipe Alberto« nennen. Ist zwar nicht ganz kalorienarm, schmeckt aber hinreißend.

50 g gehäutete Mandeln
50 g Haselnüsse
100 g weiche Butter
35 g Zucker
4 ganz frische Eigelbe (von Eiern der Größe M)
100 g Nuss-Nugat
ca. 150 ml starker kalter Kaffee
3 EL brauner Rum (ersatzweise Karamellsirup)
20 Löffelbiskuits (ca. 150 g)

Für 6 Personen
45 Min. Zubereitung | 8 Std. Kühlen
Pro Portion ca. 500 kcal, 8 g EW, 33 g F, 40 g KH

1 Die Mandeln und die Haselnüsse getrennt in einem Pfännchen ohne Fett anrösten, bis sie leicht bräunen. Aus dem Pfännchen schütten und abkühlen lassen, dann fein hacken.

2 Die weiche Butter in einer Schüssel mit dem Zucker weißschaumig rühren, bis sich der Zucker aufgelöst hat. Die Eigelbe nach und nach zugeben und kräftig weiterrühren, bis die Masse glatt und cremig ist. Den Nuss-Nugat in Stücke schneiden und über dem heißen Wasserbad schmelzen, dann wieder auf Handwärme abkühlen lassen. Unter die Buttercreme mischen. Die gehackten Mandeln und die Hälfte der gehackten Haselnüsse untermischen.

3 Auf den Boden einer rechteckigen Form (ca. 20 x 20 cm) ein wenig Creme streichen. Den Kaffee mit dem Rum in einen Teller gießen. Jeweils einen Löffelbiskuit mit der ungezuckerten Seite ganz kurz in die Kaffeemischung tauchen, mit der gezuckerten Seite nach unten mit etwas Abstand nebeneinander auf die Nugatcreme legen und leicht andrücken. Wenn der Boden bedeckt ist, wieder Nugatcreme gleichmäßig über die Biskuits streichen und so fortfahren, bis alles aufgebraucht ist – die letzte Schicht muss aus Nugatcreme bestehen.

4 Das Cremedessert mit den restlichen gehackten Haselnüssen bestreuen und mit Frischhaltefolie abgedeckt 6–8 Std. in den Kühlschrank stellen. In der Form servieren.

VARIANTE – SCHOKO-TIRAMISU

Statt der Buttercreme 150 g Sahne mit 50 g weißer Schokolade erhitzen, abkühlen lassen und über Nacht in den Kühlschrank stellen. Dann mit den Schneebesen des Handrührgeräts schaumig schlagen, mit 250 g Mascarpone und 1 Päckchen Vanillezucker vermischen. Die Löffelbiskuits statt in Kaffee mit Rum in kalten Espresso mit einem Schuss Schokoladenlikör tauchen und einschichten, wie oben beschrieben. Zum Servieren 50 g gekühlte Zartbitter-Schokolade raspeln und über das Tiramisu streuen.

GETRÄNKE-TIPP

Zu der Nugatcreme passt ein süßer Dessertwein wie ein roter Maury Vin Doux Naturelles aus dem Roussillon.

witzig | toll für Kinder

»Fluffiges« Keksdessert

200 g Zartbitter-Kuvertüre
300 g Sahne
10 dünne Vollmilch-Schoko-Täfelchen
ca. 175 g Butterkekse
2 EL Krokant
Außerdem
Frischhaltefolie für die Form
Nach Belieben: Schlagsahne zum Garnieren

Für 6 Personen
30 Min. Zubereitung | ca. 20 Std. Kühlen
Pro Portion ca. 510 kcal, 7 g EW, 34 g F, 45 g KH

1 Am Vortag die Zartbitter-Kuvertüre zerbröckeln. Zur Sahne geben und alles unter Rühren erhitzen, bis die Schokolade geschmolzen ist. Die Schokosahne abkühlen lassen und zugedeckt über Nacht in den Kühlschrank stellen.

2 Eine kleine rechteckige Form (ca. ¾ l Inhalt) mit Frischhaltefolie auslegen. Auf dem Boden der Form die Schoko-Täfelchen dekorativ auslegen. An den Rand der Form ¾ der Butterkekse so stellen, dass sie aneinander stoßen. Die kalte Schokosahne mit Krokant mit den Schneebesen des Handrührgerätes kräftig rühren, bis sie schaumig ist. In die Keksform füllen, die Oberfläche glatt streichen und mit den restlichen Keksen belegen.

3 Die Form bis zum Servieren mindestens 8 Std. zugedeckt in den Kühlschrank stellen. Dann das Keks-Dessert stürzen und die Frischhaltefolie vorsichtig abziehen. Mit einem in warmes Wasser getauchten Messer teilen. Nach Belieben mit kleinen Sahnetupfen garnieren.

raffiniert einfach

Kongo-Pudding

500 ml Milch
40 g Speisestärke
1 Vanilleschote
40 g Zucker | Salz
100 g Zartbitter-Schokolade
100 g Sahne
1 EL Honig

Für 4 Personen
30 Min. Zubereitung | ca. 3 Std. Kühlen
Pro Portion ca. 370 kcal, 7 g EW, 20 g F, 40 g KH

1 Von der Milch 6 EL abnehmen und die Speisestärke damit anrühren. Die Vanilleschote längs aufschlitzen, das Mark in die übrige Milch schaben, die Schote, den Zucker und eine Prise Salz zugeben. Die Milch aufkochen, die angerührte Speisestärke einquirlen und alles einmal aufwallen lassen, bis die Mischung dick ist. Den Topf vom Herd nehmen und die Vanilleschote entfernen. Den Pudding in eine Glasschüssel gießen und unter gelegentlichem Umrühren lauwarm abkühlen lassen.

2 Die Schokolade zerbröckeln und mit der Sahne und dem Honig über dem heißen Wasserbad unter Rühren schmelzen lassen. Wieder etwas abkühlen lassen und zum Pudding gießen. Nach Belieben mit einem Kochlöffelstiel leicht unterrühren, sodass ein Streifenmuster entsteht. Ganz abkühlen lassen und in der Glasschüssel servieren.

AUSTAUSCH-TIPP

Statt Speisestärke und Vanilleschote können Sie auch Vanillepuddingpulver (zum Kochen) nehmen. Schmeckt aber nicht ganz so fein wie mit echter Vanille.

oben: Kongo-Pudding | unten »Fluffiges« Keksdessert

Klassiker auf neue Art

Mohren im Hemd mit weißer Schokosahne

Ein echter Schokoladenpudding, hier in kleinen Portionsförmchen gegart, hat für mich einen herrlich nostalgischen Touch. Und dazu schmeckt ein »Hemd« aus Sahne und weißer Schokolade einfach himmlisch.

Für die Schokosahne
150 g Sahne
50 g weiße Schokolade
Für die Puddinge
40 g gehäutete Mandeln
40 g Haselnüsse
80 g Edelbitter-Schokolade (70 % Kakao)
40 g Löffelbiskuits
4 große Eier (Größe L)
1 Prise Salz
60 g brauner Rohrzucker
Außerdem
4 hitzefeste Förmchen (à 150 ml)
Butter für die Förmchen

Für 4 Personen
35 Min. Zubereitung | 4 Std. Kühlen | 30 Min. Garen
Pro Portion ca. 605 kcal, 16 g EW, 41 g F, 45 g KH

1 Für die weiße Schokosahne die Sahne erhitzen. Die weiße Schokolade grob raspeln und zur Sahne geben. Unter Rühren schmelzen lassen. Den Topf vom Herd nehmen und die Schokosahne unter gelegentlichem Rühren abkühlen lassen. Im Kühlschrank 3–4 Std. kalt stellen.

2 Für die Puddinge die Mandeln und die Haselnüsse in einem Pfännchen ohne Fett leicht anrösten, aus dem Pfännchen schütten und abkühlen lassen. Die Edelbitter-Schokolade in kleine Stücke hacken. Die Löffelbiskuits zerbröseln. Nüsse, Schokolade und Biskuits im Blitzhacker fein zermahlen. Den Backofen auf 165° vorheizen.

3 Die Eier trennen. Die Eiweiße mit einer Prise Salz zu steifem Schnee schlagen, dabei die Hälfte vom Zucker einrieseln lassen. Die Eigelbe mit dem übrigen Zucker weißschaumig rühren. Die Schoko-Nuss-Brösel untermischen. Erst 1/3 vom Eischnee zum Lockern kräftig unterrühren, dann den restlichen Eischnee locker unterheben.

4 Die Förmchen gut mit Butter ausstreichen, die Schokomasse einfüllen. Die Förmchen in eine mittelhohe Form stellen, seitlich so viel kochend heißes Wasser angießen, dass die Förmchen zu 3/4 im Wasser stehen. Form in den Ofen (Mitte, Umluft 150°) stellen und die Schokopuddinge ca. 30 Min. garen. Die Förmchen aus dem Ofen nehmen und ca. 10 Min. abkühlen lassen. Den Rand der Puddinge mit einer Messerspitze rundum lösen und die Schokopuddinge auf Teller stürzen.

5 Die weiße Schokosahne halbsteif schlagen und als »Hemd« über die »Mohren« verteilen. Lauwarm servieren.

GETRÄNKE-TIPP

Dazu passt ein »Schilfwein«, ein süßer Traminer vom Neusiedlersee.

unkompliziert

Schokoladen-Eiscreme

50 g Edelbitter-Schokolade (70% Kakao)
50 g Vollmilch-Kuvertüre
4 ganz frische Eigelbe (von Eiern der Größe L)
1 EL brauner Rohrzucker
2 EL Rum (ersatzweise Apfelsaft)
250 g kalte Sahne
50 g Nuss-Nugat
Außerdem
weiße Schokoraspel zum Garnieren (siehe S. 64)

Für 6 Personen
30 Min. Zubereitung | 4 Std. Gefrieren
Pro Portion ca. 530 kcal, 5 g EW, 48 g F, 18 g KH

1 Die Schokolade und die Kuvertüre hacken. Beides zusammen über dem heißen Wasserbad schmelzen, dann wieder auf Handwärme abkühlen lassen.

2 In einer Schüssel die Eigelbe mit dem Zucker weißschaumig rühren. Die flüssige Schokolade und den Rum unterrühren. Die Schüssel in Eiswasser stellen und die Schokomischung abkühlen lassen, ab und zu durchrühren.

3 Die Sahne steif schlagen. Den Nugat ganz klein würfeln. Beides unter die Schokomasse heben. In eine Form füllen und abgedeckt im Tiefkühler in 4–5 Std. gefrieren lassen.

4 Die Eiscreme mit einem Eisportionierer zu Kugeln formen und anrichten. Mit weißen Schokoraspeln garniert servieren.

SERVIER-TIPP

Stellen Sie die Eiscreme ca. 30 Min. vorm Servieren in den Kühlschrank, damit sie nicht zu hart ist.

raffiniert | für Gäste

Orangen-Schoko-Parfait

1 Bio-Orange
1 ganz frisches Eiweiß (von einem Ei der Größe L)
30 g Zucker
250 g kalte Sahne
125 g weiße Kuvertüre
3 EL Orangenlikör (Cointreau oder Grand Marnier)
Außerdem
6 Portionsförmchen (à 125 ml)
gehackte Pistazien zum Garnieren

Für 6 Personen
30 Min. Zubereitung | 4 Std. Gefrieren
Pro Portion ca. 300 kcal, 6 g EW, 21 g F, 21 g KH

1 Die Orange heiß waschen, trocken tupfen und ca. 1 EL Schale abreiben. Die Orange auspressen. Das Eiweiß zu festem Schnee schlagen, dabei die Hälfte vom Zucker einrieseln lassen. Die Sahne mit dem restlichen Zucker steif schlagen.

2 Die Kuvertüre hacken und über dem heißen Wasserbad schmelzen lassen. Den Orangensaft, die geriebene Schale und den Likör untermischen. Erst den Eischnee, dann die Schlagsahne unterziehen. Die Parfaitmasse in Portionsförmchen füllen und abgedeckt in 3–4 Std. im Tiefkühler nicht zu fest gefrieren lassen.

3 Zum Servieren die Förmchen sekundenlang in heißes Wasser halten, das Parfait auf Teller stürzen und mit gehackten Pistazien garniert servieren.

TIPP – FÜR KINDER

Nehmen Sie statt Orangenlikör Orangensirup (dann etwas weniger Zucker verwenden) oder einfach mehr Orangensaft.

oben: Schokoladen-Eiscreme | unten: Orangen-Schoko-Parfait

Backen mit Schoko

Beim Anblick oder Duft eines Schokoladenkuchens leuchten nicht nur Kinderaugen. Noch besser, wenn statt Kakao echte Schokolade in den Teig kommt, dann wird der Kuchen noch saftiger. Mein Favorit sind diese Küchlein, die mir eine Freundin aus Finnland gebacken hat.

Finnische Möhrenküchlein

175 g Möhren
75 g weiße Schokolade
125 ml Sonnenblumenöl
100 g weißer Zucker
100 g brauner Rohrzucker
2 Eier (Größe M)
180 g Mehl | 2 TL Backpulver
2 TL Speisenatron
2 TL Lebkuchengewürz
1 Prise Salz

Außerdem

1 Muffinform mit 12 Mulden oder 2 Formen mit je 6 Mulden
Papierförmchen oder Fett und Mehl für die Mulden

Für 12 Stück
30 Min. Zubereitung | 25 Min. Backen
Pro Stück ca. 230 kcal, 4 g EW, 10 g F, 32 g KH

1 Die Möhren waschen, schälen und fein reiben. Die Schokolade fein raspeln. Das Öl mit dem weißen und dem braunen Zucker kräftig verrühren, nach und nach die Eier untermischen. Den Backofen auf 200° (Umluft 180°) vorheizen.

2 In einer Schüssel das Mehl mit Backpulver, Speisenatron, Lebkuchengewürz und einer Prise Salz vermischen. Die geriebenen Möhren, die Schokolade und die Ölmischung rasch aber gründlich unterrühren. Die Muffinmulden mit Papierförmchen auslegen oder gut fetten und mit Mehl ausstreuen. Den Teig einfüllen, die Mulden dürfen nur zu ¾ gefüllt sein.

3 Die Küchlein im heißen Ofen (Mitte) ca. 25 Min. backen, bis die Oberfläche gebräunt ist. Die Formen aus dem Ofen nehmen, die Küchlein ca. 10 Min. abkühlen lassen, dann aus den Mulden nehmen und auf einem Kuchengitter ganz auskühlen lassen.

unkompliziert | würzig

Pecan-Cookies

80 g Edelbitter-Schokolade (70 % Kakao)
40 g Pecannusskerne (ersatzweise Walnusskerne)
175 g Mehl
1 TL Backpulver | Salz
175 g weiche Butter
100 g Ahornsirup
2 Eier (Größe S)

Außerdem

Backpapier für das Blech
Mehl zum Formen

Für ca. 40 Stück | 40 Min. Zubereitung
Pro Stück ca. 75 kcal, 1 g EW, 5 g F, 6 g KH

1 Die Schokolade in Stücke brechen, mit den Nusskernen im Blitzhacker nicht zu fein zerkleinern. Mit dem Mehl, Backpulver und einer Prise Salz vermischen. Den Backofen auf 180° (Umluft 165°) vorheizen.

2 In einer Schüssel die Butter mit dem Ahornsirup hellschaumig rühren. Die Eier kräftig untermischen. Die Schoko-Mehlmischung darüberstreuen und mit einer Gabel gründlich unterziehen. Das Backblech mit Backpapier auslegen. Aus dem Teig ca. 40 walnussgroße Kugeln formen und mit Abstand auf das Backpapier setzen. Eine Gabel in Mehl tauchen und die Cookies damit kreuzweise leicht flach drücken, sodass ein Gittermuster entsteht.

3 Die Cookies im heißen Ofen (Mitte) 12–15 Min. backen, bis sie leicht gebräunt sind. Das Backblech aus dem Ofen nehmen, die Cookies ca. 10 Min. auf dem Blech abkühlen lassen, dann ablösen und auf einem Kuchengitter ganz auskühlen lassen.

ganz einfach | warm am besten

Kokos-Muffins

100 g Butter | 50 g Zartbitter-Schokolade
250 ml Kokosmilch (Dose) | 2 Eier (Größe M)
300 g Mehl | 75 g brauner Rohrzucker
1 EL Kokosraspel | 2 TL Backpulver
½ TL Speisenatron | Salz

Außerdem

1 Muffinform mit 12 Mulden oder 2 Formen mit je 6 Mulden
Papierförmchen oder Fett und Mehl für die Mulden

Für 12 Stück
20 Min. Zubereitung | 25 Min. Backen
Pro Stück ca. 245 kcal, 5 g EW, 13 g F, 27 g KH

1 Die Butter bei kleiner Hitze zerlassen, wieder etwas abkühlen lassen. Die Schokolade klein hacken. Den Backofen auf 200° (Umluft 180°) vorheizen. Die Mulden der Muffinform mit Papierförmchen auslegen oder gut fetten und mit Mehl ausstreuen.

2 Die Butter mit der Kokosmilch und den Eiern gründlich verrühren. Das Mehl mit Rohrzucker, Kokosraspeln, Backpulver, Speisenatron und einer Prise Salz vermischen. Die Buttermischung rasch, aber gründlich unter die Mehlmischung rühren, zum Schluss die Schokostückchen locker unterheben. Die Muffinmulden jeweils zu ⅔ mit Teig füllen.

3 Die Muffins im heißen Ofen (Mitte) 20–25 Min. backen, bis sie gebräunt sind. Wenn Sie mit einem Holzstäbchen in einen Muffin stechen, darf kein Teig daran haften bleiben. Die Papierförmchen aus den Blechen nehmen (oder die Muffins 10 Min. in der Form ruhen lassen und dann herausholen). Muffins warm servieren.

oben: Pecan-Cookies | unten: Kokos-Muffins

etwas aufwendig | zum Gästeverwöhnen

Eclairs mit Schoko-Kaffee-Creme

Mit einer üppigen Creme gefüllt gehören die Brandteigstangen in Frankreich zu den beliebtesten Süßigkeiten. Ich mag diese Version am liebsten, weil die Schokocreme schön leicht und luftig ist.

Für die Schoko-Kaffee-Creme
2 ganz frische Eiweiße (von Eiern der Größe M)
2 EL Zucker | 1 EL Instant-Kaffeepulver
100 g Zartbitter-Schokolade
30 g Butter
Für die Eclairs
75 g Butter | 1/4 l Milch | Salz
150 g Mehl
3–4 kleine Eier (Größe S)
Außerdem
1 Eigelb zum Bestreichen
Backpapier

Für 10–12 Stück
40 Min. Zubereitung | 6 Std. Kühlen |
20 Min. Backen
Bei 12 Stück pro Stück ca. 195 kcal, 5 g EW,
12 g F, 16 g KH

1 Für die Schoko-Kaffee-Creme die Eiweiße mit den Schneebesen des Handrührgeräts sehr steif schlagen, dabei den Zucker und das Kaffeepulver einrieseln lassen, bis die Mischung glänzt.

2 Die Schokolade zerbröckeln und mit der Butter in einer Schüssel über dem nicht zu heißen Wasserbad unter Rühren schmelzen lassen. Den Eischnee zügig und gründlich unterheben, die Masse am besten in einem eiskalten Wasserbad abkühlen lassen, dann abgedeckt für ca. 6 Std. in den Kühlschrank stellen.

3 Für die Eclairs die Butter mit der Milch und einer Prise Salz aufkochen. Das Mehl auf einmal in die kochende Mischung schütten und den Teig unter kräftigem Rühren 1–2 Min. erhitzen, bis er sich als Kloß vom Topfboden ablöst (Bild 1).

4 Den Teig in eine Schüssel umfüllen und sofort 1 Ei kräftig untermischen. Den Teig auf Handwärme abkühlen lassen. Nach und nach 2–3 weitere Eier gründlich untermischen, bis der Teig glänzt und schwer vom Löffel fällt. Den Backofen auf 225° (Umluft 200°) vorheizen. Das Backblech mit Backpapier belegen. Den Teig in einen Spritzbeutel mit Lochtülle füllen und ca. 4 cm lange Streifen mit Abstand auf das Backpapier spritzen.

5 Das Eigelb mit ein paar Tropfen Wasser verquirlen und die Eclairs damit bestreichen. Im heißen Ofen (Mitte) 15–20 Min. backen, bis sie schön gebräunt sind; frühestens nach 10 Min. die Ofentür öffnen, sonst fällt das Gebäck zusammen. Die Eclairs vom Blech nehmen und noch heiß mit einer Küchenschere quer in der Mitte aufschneiden (Bild 2). Auf einem Kuchengitter auskühlen lassen.

6 Zum Servieren die kalte Schoko-Kaffee-Creme in einen Spritzbeutel mit Sterntülle füllen und in die Eclairs spritzen.

GETRÄNKE-TIPP

Dazu passt ein aromatischer Dessertwein wie ein Elsässer Gewürztraminer mit Restsüße.

1

2

3

witzig | toll für Kinder

Süßer Maulwurfshügel

Ein Schokoladenkuchen der anderen Art – sieht lustig aus und macht sich gut auf jeder Kindergeburtstagsfeier. Am besten schon einen Tag vorher backen.

150 g Zartbitter-Schokolade
100 g Haselnüsse
75 g weiche Butter
125 g brauner Rohrzucker
6 Eier (Größe M)
1 Päckchen Backpulver
1 Prise Salz
2 Päckchen Vanillezucker
4 reife Bananen
1–2 EL frisch gepresster Zitronensaft
300 g kalte Sahne
1½ Päckchen Sahnesteif
40 g Zucker
Fett und Semmelbrösel für die Form

Für 1 Gugelhupfform von ca. 20 cm ∅ (12 Stücke)
⏱ 45 Min. Zubereitung | 1 Std. Backen
Pro Stück ca. 370 kcal, 6 g EW, 26 g F, 29 g KH

1 Von der Schokolade 100 g grob hacken, mit den Nüssen im Blitzhacker fein zerkleinern. Den Backofen auf 175° vorheizen. Eine Gugelhupfform gut fetten und mit Semmelbröseln ausstreuen.

2 Die Butter in einer Schüssel mit dem Rohrzucker weißschaumig rühren, bis sich der Zucker aufgelöst hat. Die Eier trennen und die Eigelbe nach und nach unter die Buttermischung rühren. Die Schoko-Nuss-Mischung mit dem Backpulver untermischen. Die Eiweiße mit 1 Prise Salz und 1 Päckchen Vanillezucker zu steifem Schnee schlagen und unter den Teig ziehen.

3 Den Teig in die Form füllen und im Ofen (Mitte, Umluft 160°) ca. 1 Std. backen, bis an einem hineingesteckten Holzstäbchen kein Teig mehr kleben bleibt. Den Kuchen kurz in der Form ruhen lassen, dann den Kuchen auf ein Kuchengitter stürzen und ganz auskühlen lassen.

4 Kurz vorm Servieren vom oberen Teil des Kuchens einen ca. 3 cm dicken Deckel abschneiden und diesen zerkrümeln. Die Bananen schälen und in Würfel schneiden. Mit Zitronensaft vermischen.

5 Die restlichen 50 g Schokolade fein reiben. Die kalte Sahne mit Sahnesteif, Zucker und 1 Päckchen Vanillezucker sehr steif schlagen. Die Schokoraspel untermischen. ⅓ der Schlagsahne mit den marinierten Bananenwürfeln vermischen und den Kuchen damit füllen. Die übrige Schokosahne kuppelförmig auf den Kuchen häufen, sodass er wie ein Maulwurfshügel aussieht. Mit den dunklen Kuchenbröseln gleichmäßig überstreuen und servieren.

TIPP – ANDERS SERVIERT

Sie können den Kuchen auch ein- oder zweimal quer durchschneiden und die Schoko-Bananen-Sahne zwischen die Kuchenlagen geben.

VARIANTE – NUGATCREME

Für die Nugatcreme am Tag vorher 200 g Sahne aufkochen und 100 g gewürfelten Nuss-Nugat darin schmelzen, abkühlen lassen und zugedeckt über Nacht in den Kühlschrank stellen. Kurz vor dem Servieren wie Schlagsahne aufschlagen und auf den Kuchen häufen.

aus England | zum Gästeverwöhnen

Chocolate Fudge Cake

125 g Zartbitter-Schokolade
2 EL Orangenlikör (ersatzweise Orangensaft)
4 Eier (Größe M) | Salz | 135 g Zucker
125 g weiche Butter
2 EL Honig
100 g gemahlene Haselnüsse
35 g Kokosraspel
200 g Zartbitter-Kuvertüre
Fett und Mehl für die Form

Für 1 Springform von 26 cm ∅ (16 Stücke)
20 Min. Zubereitung | 50 Min. Backen
Pro Stück ca. 285 kcal, 4 g EW, 20 g F, 21 g KH

1 Die Schokolade hacken und mit Likör über dem heißen Wasserbad schmelzen. Die Eier trennen. Die Eiweiße mit einer Prise Salz steif schlagen, 35 g Zucker einrieseln lassen. Die Butter mit restlichem Zucker weißschaumig rühren. Eigelbe, Honig und Schokolade unterrühren. Eischnee, gemahlene Haselnüsse und Kokosraspel unterheben. Den Backofen auf 175° vorheizen.

2 Eine Springform fetten und mit Mehl ausstreuen. Teig einfüllen und im Ofen (unten, Umluft 160°) ca. 50 Min. backen, nach 35 Min. mit Alufolie abdecken. Kuchen 5 Min. ruhen lassen, dann aus der Form nehmen und auf einem Kuchengitter auskühlen lassen.

3 Für die Glasur die Kuvertüre klein hacken und über dem heißen Wasserbad schmelzen, dann wieder abkühlen lassen und erneut erwärmen (damit die Glasur schön glänzt). Glasur über den Kuchen gießen und mit einer Palette glatt verstreichen.

würzig | saftig

Mailänder Mandelkuchen

100 g Edelbitter-Schokolade (70 % Kakao)
150 ml Milch
250 g Mehl
1 Päckchen Backpulver
100 g weiche Butter
250 g brauner Rohrzucker
4 Eier (Größe M)
200 g gemahlene Mandeln
Fett und Mehl für die Form

Für 1 Springform von 26 cm ∅ (16 Stücke)
30 Min. Zubereitung | 1 Std. Backen
Pro Stück ca. 295 kcal, 6 g EW, 16 g F, 31 g KH

1 Die Hälfte der Schokolade zerbröckeln und in der Milch erhitzen, bis die Schokolade geschmolzen ist. Lauwarm abkühlen lassen. Das Mehl mit Backpulver vermischen. Die Butter mit dem Zucker gut schaumig rühren, die Eier nach und nach unterrühren. Abwechselnd Mehl und Schokomilch unterrühren, bis der Teig glatt und dickflüssig ist. Zum Schluss die gemahlenen Mandeln unterheben. Backofen auf 175° vorheizen.

2 Eine Springform gut fetten und mit Mehl ausstreuen. Den Teig einfüllen und im Ofen (Mitte, Umluft 165°) ca. 1 Std. backen, bis an einem Holzstäbchen, das in die Mitte des Teigs gestochen wird, kein Teig mehr kleben bleibt. Den Kuchen in der Form 5 Min. ruhen lassen, dann auf ein Kuchengitter stürzen und auskühlen lassen.

3 Wenn der Kuchen ganz erkaltet ist, zum Garnieren die übrige Schokolade schmelzen und ein Muster auf den Kuchen machen.

links: Chocolate Fudge Cake | rechts: Mailänder Mandelkuchen

braucht etwas Zeit | aus Spanien

Schoko-Vanille-Torte

Eine Festtagstorte mit selbst gemachtem Marzipan aus gerösteten Mandeln. Schmeckt mir besonders gut mit einem Cappuccino.

200 g ungehäutete Mandeln
60 g feiner brauner Rohrzucker
6 EL Mandellikör (Amaretto)
75 g Edelbitter-Schokolade (70 % Kakao)
6 Eier (Größe M) | 1 Vanilleschote
125 g feiner Zucker | 1 Prise Salz | 100 g Mehl
1 Päckchen Vanille-Puddingpulver (zum Kochen)
200 g Zartbitter-Kuvertüre
2 EL Aprikosenkonfitüre
nach Belieben: 1 EL gehackte Pistazienkerne
Fett und Mehl für die Form

Für 1 Springform von 26 cm ∅ (16 Stücke)
1 Std. Zubereitung | 1 Std. Backen
Pro Stück ca. 295 kcal, 7 g EW, 15 g F, 31 g KH

1 Die Mandeln mit kochendem Wasser übergießen und 5 Min. quellen lassen. Abtropfen lassen und die Kerne aus den Häuten lösen. Die Mandelkerne in einem Pfännchen ohne Fett leicht rösten, bis sie etwas bräunen, dabei öfter wenden. Die Mandeln heiß mit dem braunen Zucker bestreuen und im Blitzhacker staubfein pürieren. In eine Schüssel füllen und nach und nach den Mandellikör mit einem Holzlöffel kräftig einarbeiten, bis eine weiche Masse entsteht. Den Backofen auf 190° vorheizen. Eine Springform fetten und leicht mit Mehl ausstreuen.

2 Die Schokolade grob raspeln. Die Eier trennen. Die Vanilleschote aufschlitzen und das Mark zu den Eigelben schaben. Eigelbe mit Vanillemark und 75 g feinem Zucker schaumig rühren, unter die Mandelmasse mischen. Die Eiweiße mit einer Prise Salz steif schlagen, dabei den restlichen feinen Zucker einrieseln lassen.

3 Den Eischnee unter die Eigelbmasse ziehen. Das Mehl mit dem Puddingpulver vermischen, in ein Sieb geben und über die Eimasse sieben, mit einer Gabel locker unterheben. Zum Schluss die Schokoladenraspel untermischen und den Teig in die Form füllen, die Oberfläche glatt streichen.

4 Die Torte im heißen Ofen (unten, Umluft 175°) knapp 1 Std. backen, bis sich ein eingestochenes Holzstäbchen sauber aus dem Teig ziehen lässt. Die Torte 10 Min. abkühlen lassen, dann aus der Form nehmen und ganz auskühlen lassen.

5 Für die Glasur die Kuvertüre zerkleinern und über dem heißen Wasserbad schmelzen, dann wieder abkühlen lassen. Die Aprikosenkonfitüre leicht erwärmen und durch ein Sieb zur Kuvertüre streichen, unterrühren und die Mischung erneut erwärmen (gibt besonders schönen Glanz). Die Glasur über die Torte gießen und mit einer Palette rundum glatt verstreichen. Die weiche Glasur nach Belieben mit gehackten Pistazienkernen bestreuen und abkühlen lassen.

DEKO-TIPP

Noch toller sieht die Torte aus, wenn Sie Papierstreifen kreuzweise über den abgekühlten Schokoguss legen und Puderzucker darüberstäuben. Die Papierstreifen vorsichtig abheben.

raffiniert | zum Gästeverwöhnen

Tarte au Caramel

Diese flache Torte mit raffinierter Schoko-Karamell-Füllung schmeckt nicht nur zum Nachmittagskaffee, sondern auch als Dessert.

200 g Mehl
125 g Zucker
Salz
200 g kalte Butter
3 Eier (Größe M)
50 g weiße Schokolade
150 g Sahne
1 Eigelb
150 g Zartbitter-Kuvertüre
1 EL heller Honig

Außerdem

Fett für die Form
Mehl zum Ausrollen

Für 1 Tarteform von 26 cm ∅ (12 Stücke)
1 Std. Zubereitung | 45 Min. Backen | 2 Std. Kühlen
Pro Stück ca. 375 kcal, 6 g EW, 26 g F, 32 g KH

1 Für den Mürbeteig das Mehl mit 25 g Zucker und einer Prise Salz vermischen. 150 g Butter in kleinen Stücken zugeben und alles mit den Fingern rasch zerbröseln, bis keine Butterstücke mehr zu sehen sind. 1 Ei verquirlen, zugeben und rasch unter den Teig mischen. Den Backofen auf 200° (Umluft 180°) vorheizen.

2 Die Tarteform fetten und den Teig in die Form geben. Die Hände leicht mehlen, den Teig in der Form ausbreiten und einen Rand formen. Den Teigboden mit einer Gabel mehrmals einstechen. Die Form 15 Min. sehr kalt stellen.

3 Die Tarteform in den Ofen (Mitte) schieben und den Teig ca. 15 Min. backen. Die weiße Schokolade zerbröckeln. 100 g Zucker in einen Topf streuen, mit ein paar Tropfen Wasser befeuchten und bei mittlerer Hitze nussbraun karamellisieren lassen. Restliche 50 g Butter und die weiße Schokolade zugeben, 100 g Sahne zugießen und alles unter Rühren einmal aufkochen, etwas abkühlen lassen. Die übrigen 2 Eier und das Eigelb unterquirlen.

4 Den Mürbeteigboden aus dem Ofen nehmen, die Karamellmasse einfüllen und die Tarte noch 25–30 Min. backen, bis die Karamellmasse gestockt ist. Die Tarte aus dem Ofen nehmen und in der Form abkühlen lassen.

5 Für den Schokoguss die Zartbitter-Kuvertüre grob hacken. Die übrigen 50 g Sahne mit dem Honig unter Rühren aufkochen lassen, die Kuvertüre einrühren und schmelzen lassen. Den Topf vom Herd nehmen und den Schokoguss auf Handwärme abkühlen lassen. Den Guss auf der Karamellcreme verstreichen und die Tarte bis zum Servieren ca. 2 Std. kühl stellen.

DEKO-TIPP

Sie können die Tarte, ehe der Schokoguss ganz fest geworden ist, noch mit gehackten und leicht angerösteten Mandeln bestreuen.

Zum Gebrauch
Damit Sie Rezepte mit bestimmten Zutaten noch schneller finden können, stehen in diesem Register zusätzlich auch beliebte Zutaten wie **Chilischoten** oder **Haselnüsse** – ebenfalls alphabetisch geordnet und **hervorgehoben** – über den entsprechenden Rezepten.

A

B

C

E

F

G

H/I

K

L

M

DAS ORIGINAL MIT GARANTIE
GU

Unsere Garantie

Alle Informationen in diesem Ratgeber sind sorgfältig und gewissenhaft geprüft. Sollte dennoch einmal ein Fehler enthalten sein, schicken Sie uns das Buch mit dem entsprechenden Hinweis an unseren Leserservice zurück. Wir tauschen Ihnen den GU-Ratgeber gegen einen anderen zum gleichen oder ähnlichen Thema um.

Liebe Leserin und lieber Leser,

wir freuen uns, dass Sie sich für ein GU-Buch entschieden haben. Mit Ihrem Kauf setzen Sie auf die Qualität, Kompetenz und Aktualität unserer Ratgeber. Dafür sagen wir Danke! Wir wollen als führender Ratgeberverlag noch besser werden. Daher ist uns Ihre Meinung wichtig. Bitte senden Sie uns Ihre Anregungen, Ihre Kritik oder Ihr Lob zu unseren Büchern. Haben Sie Fragen oder benötigen Sie weiteren Rat zum Thema? Wir freuen uns auf Ihre Nachricht!

Wir sind für Sie da!
Montag – Donnerstag: 8.00 – 18.00 Uhr;
Freitag: 8.00 – 16.00 Uhr
Tel.: 0180 - 5 00 50 54*
Fax: 0180 - 5 01 20 54*
*(0,14 €/Min. aus dem dt. Festnetz)
E-Mail:
leserservice@graefe-und-unzer.de

P.S.: Wollen Sie noch mehr Aktuelles von GU wissen, dann abonnieren Sie doch unseren kostenlosen GU-Online-Newsletter und/oder unsere kostenlosen Kundenmagazine.

GRÄFE UND UNZER VERLAG
Leserservice
Postfach 86 03 13
81630 München

Programmleitung: Doris Birk
Leitende Redakteurin:
Birgit Rademacker
Redaktion & Lektorat:
Katharina Lisson
Layout, Typografie und Umschlaggestaltung: independent Medien-Design, München
Satz: Uhl + Massopust, Aalen
Herstellung: Martina Müller
Reproduktion:
Repro Ludwig, Zell am See
Druck und Bindung:
Firmengruppe Appl, Wemding

ISBN 978-3-8338-0682-7

1. Auflage 2007

GRÄFE UND UNZER

Ein Unternehmen der
GANSKE VERLAGSGRUPPE

100 JAHRE GANSKE VERLAGSGRUPPE

Der Autor

Reinhardt Hess machte nach dem Studium sein Hobby zum Beruf, wurde Journalist und schreibt nun über Essen, Trinken und Genießen und – natürlich Schokolade. Seit vielen Jahren ist er freier Autor, steht auch selbst in der Küche und testet Rezepte. Inzwischen sind über 50 Koch- und Weinbücher von und mit ihm erschienen. Sechs davon wurden von der Gastronomischen Akademie mit Medaillen ausgezeichnet.

Der Fotograf

Wolfgang Schardt kann seine Liebe für Essen und Trinken beruflich ausleben. In seinem Studio in Hamburg fotografiert er vor allem Food, Stills und Interieur für Magazine wie FEINSCHMECKER, für Verlage und Werbung. Die Rezepte in diesem Buch wurden von Anne-Katrin Weber in Szene gesetzt.

Bildnachweis:

Titelbild: Jörn Rynio, Hamburg;
alle anderen: Wolfgang Schardt, Hamburg

Titelbildrezepte:

Physalis in Schokolade getaucht;
Feurige Chili-Trüffel, Seite 18;
Pecan-Cookies, Seite 48

Die Temperaturangaben bei Gasherden variieren von Hersteller zu Hersteller. Welche Stufe Ihres Herdes der jeweils angegebenen Temperatur entspricht, entnehmen Sie bitte der Gebrauchsanweisung. Bei Elektroherden können die Backzeiten je nach Herd variieren.

Kochlust pur

Die neuen KüchenRatgeber – da steckt mehr drin

ISBN 978-3-8338-0310-9
64 Seiten

ISBN 978-3-8338-0318-5
64 Seiten

ISBN 978-3-8338-0312-3
64 Seiten

Preis je Band: 7,50 €

ISBN 978-3-8338-0678-0
64 Seiten

ISBN 978-3-8338-0304-8
64 Seiten

ISBN 978-3-8338-0322-2
64 Seiten

Änderungen und Irrtum vorbehalten.

Das macht sie so besonders:

Neue mmmh-Rezepte – unsere beste Auswahl für Sie

Praktische Klappen – alle Infos auf einen Blick

Die 10 GU-Erfolgstipps – so gelingt es garantiert

GU

Willkommen im Leben.

Schokolade **zum Dekorieren**

Desserts, Kuchen und Gebäck sehen mit einer Schoko-Deko besonders raffiniert aus. Selbst gemacht ist sie immer zur Hand, viel besser und außerdem preiswerter als fertig gekauft.

Schokoladenraspel Schokolade – Sorte nach Belieben – gut kühlen, mit Küchenpapier umwickeln (damit sie nicht schmilzt) und mit einem Sparschäler Raspel direkt über Dessert oder Torte abziehen. Gibt kleine, flockige Raspel. Für dreifarbige Raspel: nacheinander Zartbitter-, weiße und Vollmilch-Kuvertüre über dem heißen Wasserbad schmelzen, in eine rechteckige Form gießen und erstarren lassen. Gut kühlen, aus der Form nehmen und dann wie beschrieben quer zu den Schichten raspeln.

Schoko-Ornamente Zartbitter-Schokolade oder -Kuvertüre zerkleinern, über dem heißen Wasserbad schmelzen, wieder abkühlen lassen und dann erneut gerade so weit erwärmen, dass die Schokolade flüssig wird (so bekommt die Oberfläche einen schönen Glanz). In einen kleinen Spritzbeutel oder eine Plastiktüte füllen, kleine Spitze abschneiden und auf Backpapier verschlungene, nicht zu große Ornamente spritzen. Gut kühlen, vorsichtig ablösen.

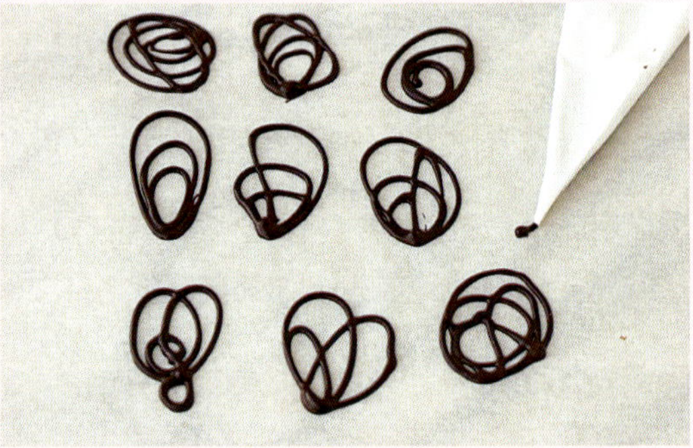

Schokoröllchen Beliebige Kuvertüre zerkleinern, schmelzen und sofort auf eine hauchdünn geölte Marmorplatte oder die Rückseite eines kalten Ofenblechs gießen. Mit einer Backpalette dünn verstreichen und abkühlen lassen, bis die Schokolade noch geschmeidig ist. Kleinen Spatel, Glaskeramik-Schaber oder ein breites Messer mit gerader Klinge schräg am Rand der Schokoschicht ansetzen und langsam Röllchen abschaben.